나태주 시인과 함께한 삿포로 시문학기행

등 시선 09

지금은 詩作(시작)할 때

시작하는 사람들

나태주 그리고 권대욱 김규린 김미영 김선옥 김세미 김소언 김은교 김정은 김종학 김채윤 김태영 김효정 김희경 마유정 박수진 박지숭 박지영 Jose Manuel Robledo Ardila 서수현 손진기 송숙희 송영은 송윤섭 송지은 원치승 유온유 유정숙 윤정선 이경호 이도연 이유진 이효진 이은주 정국철 정대홍 최미건

그림 윤정선

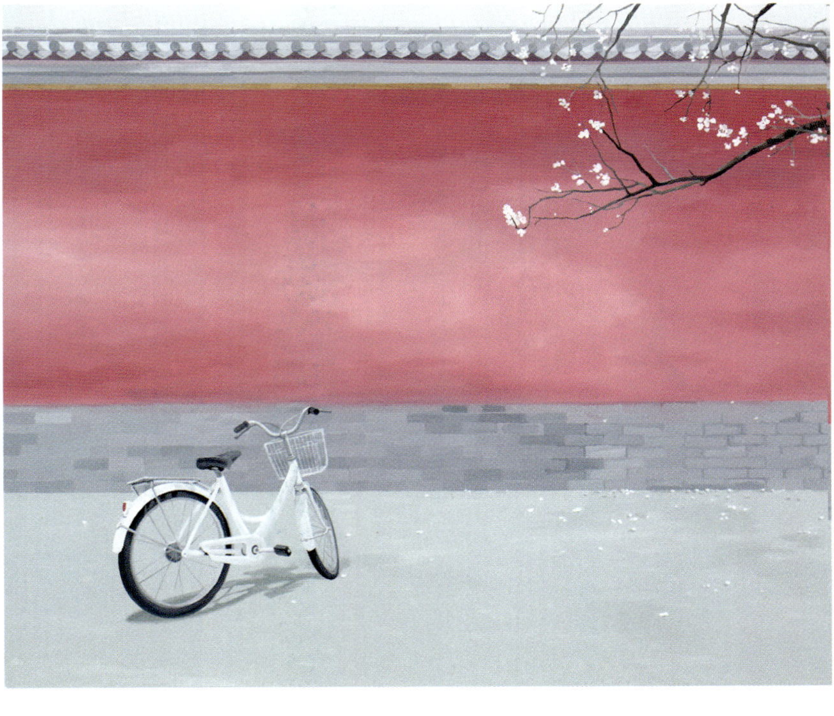

그림_ 윤정선 화가

이화여자대학교 미술대학과 동대학원 서양화과를 졸업했고 영국 브라이튼대학교 순수미술 석사, 중국 칭화대학교에서 미술학 박사학위를 취득했다. 2000년 첫 개인전 〈시간, 낯설음과의 대화〉를 시작으로 18회의 개인전과 100여회의 기획단체전에 참여했다. 2004년 제24회 석남미술상을 수상했다. 금호영아티스트(2005), 송은미술대상전(2007, 2009), 소마미술관의 소마드로잉센터 아카이브 등록작가(2012, 2021)로 선정되었다. 故 김남조 시인의 시화집 『사랑하리, 사랑하라』에 그림을 수록했고 2023년 김세중미술관 기획 시화전 〈사랑하리, 사랑하라〉에 참여했다.

일러두기
- 나태주 시인과 36인이 삿포로 여행 중에 지은 시를 모아 시집으로 엮었다.
- 나태주 시인이 36인의 시 뒤에 쪽글로 작품평을 붙여주셨다.

나태주 시인과 함께한 삿포로 시문학기행
지금은 詩作(시작)할 때

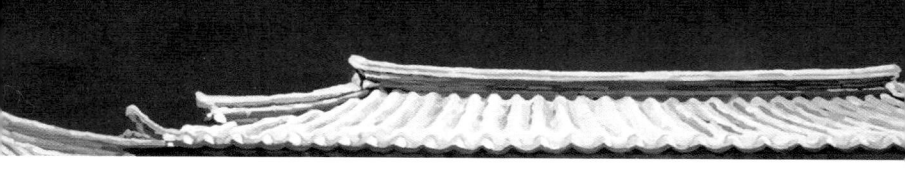

나태주 시인과 함께한 삿포로 시문학기행

지금은 詩作(시작)할 때

차례

책을 내면서 / 손진기
서문 / 나태주

_ 하나

16	나태주	노인, 귀로, 눈밭, 여행 둘째 날, 모퉁이길, 영춘화, 나두요
24	권대욱	유튜버 권대욱, 보라보라 해도 안 보는 사람들, 3.1절, 始詩人生
28	김규린	눈, 구름처럼
30	김미영	자작나무, 삿포로 눈을 보며, 시, 요테이산
34	김선옥	무제
35	김세미	달리기
36	김소언	사람이 보석이다, 엄마의 기도 여행길, 딸에게

_ 두울

42	김은교	엄마, 그리움, 별
45	김정은	선물, 햇살에 봄이 실렸구나, 마음에 피는 꽃, 첫눈 내린 날
49	김종학	하얀 망초꽃, 여행, 작약꽃 피우다, 인연
53	김채윤	가을의 위로, 고백, 낙엽
56	김태영	밥, 나뭇잎, 하늘나라, 시간
60	김효정	선물, 살다보면, 나무, 질식
64	김희경	김치
65	마유정	눈꽃, 길
67	박수진	눈은 깔끔쟁이, 삿포로 눈케익 구름바다, 너에게 가는 길
71	박지숭	가족, 눈 사막, 정윤이에게, 시간

_ 세엣

78   **박지영**   나이가 든다는 것은?

80   **Jose Manuel Robledo Ardila**   Oda al amor

81   **서수현**   너에게 가는 길

82   **손진기**   詩鏤(시루)떡 눈, 詩時(시시)한 여행,
                  詩人 나태주

85   **송숙희**   무제 1, 무제 2, 여행길, 나

89   **송영은**   누으은에게, 벙어리 냉가슴, 청소, 식구

93   **원치승**   이입

94   **송윤섭**   여행의 아침, 빌려 사는 삶,
                  눈을 보며, 근황

98   **송지은**   길, 새, 꽃이다, 삶에게 답하다

102   **유온유**   너와 나, 겨울을 떠나 보내며
                   개암 열매 두 알

_ 넷

108 유정숙　내 친구는 어디에, 그날의 눈보라

111 윤정선　요테이산(양제산), 눈그림
　　　　　얘들아 이리와 - 노시인의 목소리, 눈비

115 이경호　눈

116 이도연　어부바

118 이유진　찰나, 눈밭

120 이효진　들국화, 계수나무, 애벌레, 산길

124 이은주　흐르는 강물처럼, 사랑 인생

128 정국철　눈

129 정대홍　시인, 나, 삿포로의 아침, 나태주 선생님

133 최미건　인연, 추억, 너의 목소리

134 **감상평** / 나태주

144 **詩作(시작)하는 사람들**
150 **삿포로 시문학기행**

책을 내면서

지금은 詩作(시작)할 때

 지난 해 어느 날, 우리는 나태주 시인님을 찾아 뵈었습니다. 그 따뜻한 풀꽃문학관에서 저는 그동안 기획하였던 나태주 시인과 함께하는 삿포로 인문학 여행에 대해 조심스레 제안을 드렸습니다.
 "선생님, 우리 함께 여행을 떠나보면 어떨까요?
 시(詩)가 중심 되는 조금은 특별한 여정으로요."

 처음엔 낯선 제안이었을지도 모릅니다.
 하지만 선생님은 조금은 께름칙한 표정과 조용한 미소로 고개를 끄덕이셨고, 그렇게 이 모든 詩作(시작)이 시작되었습니다.
 이 여행은 단지 장소를 옮기는 이동이 아니었습니다.
 마음이 머무는 풍경을 만나고
 시로 자신을 마주하는 시간이었습니다.
 삿포로의 눈길 위에서 우리는 말보다 눈빛으로 교감했고 마음속 이야기들을 꺼내며 모두가 시인으로 피어나는 순간들을 만났습니다.

이 시집은 그 여정의 기록입니다.
함께한 2박 3일 웃으며 써 내려간 마음의 조각들이자
서로가 서로에게 건넨 삶의 인사말입니다.
저는 그저 이 아름다운 詩作(시작)을 기획하고 다듬고 연결한 사람일 뿐입니다.
그 안의 진짜 주인공은
시를 사랑한 모든 참여자들이고
시 자체로 존재해주신 나태주 시인님입니다.

지금은, 정말 詩作(시작)할 때입니다.
시작하는 사람들은 분명 선한 사람들일 겁니다.
신의 언어를 우리 인간들에게 전달하는 사람들이니까요.
함께 쓴 이 한 권의 시집이 그 증거입니다.
시는 우리 곁에 있습니다.
그리고 앞으로도 시는 계속될 것입니다.

우리는 이번 여행을 통해 시를 배우고 나태주 선생님을 배웠습니다. 그래서 우리는 시인이며 내 인생의 배우입니다.
"고맙습니다."
함께한 모든 분들께 이렇게 인사하고 싶습니다.

손진기

시사문화 평론가 / 드림공화국 대표

서문

너무 잘 쓸려 뜸들이지 말고
개구리가 물 속으로 뛰어들 듯
화들짝 놀라는 마음으로 써 보시지요.
시는 잘 쓰겠다는 마음,
길게 쓰겠다는 마음 자체가 쥐약입니다.
천진한 어린아이 마음이 최고입니다.
성경에 "너희가 어린아이 같이 되지 아니하면 천국에 들어가지 못하리라. 낙타가 바늘구멍에 들어가는 것과 같다"고 했습니다.
아는 척 하지 말것.
잘난 척 하지 말 것.
똑똑한 척 하지 말 것.
모든 마음을 내려놓고 그 자리에 주저앉을 것.
하심(下心)이 최고입니다.

영춘화 _ 나태주

얼레, 벌써 꽃폈네
좋은 사람 한 사람
찾아온 날에

본래 우리 인간은 감정적인 존재입니다.

감정이 이성보다 본질적이고 근원적이고 원시적이기 때문입니다. 그런데 어른이 되어 분별력을 중요시하며 살다보니 이성이 앞서서 — 그래야 한다고 믿고 또 교육 받아서 — 감성적이기보다는 이성적이려고 노력합니다.

그러나 그것은 조작된 자아, 전면의 얼굴, 나타난 얼굴일뿐입니다. 그러나 인간에겐 숨겨진 얼굴, 본질의 얼굴, 진짜 얼굴이 있습니다.

그것이 숨겨진 자아, 본질의 자아, 이드ide, 업장, 까르마입니다. 그것은 우리 마음의 바다 밑바닥 해구와 같이 깊고 아득하고 험합니다. 거기부터 우러나오는 말을 받아내야 합니다.

시의 첫 문장으로는 청유형 — 달라는 말, 요구 — 과

감탄형 — 놀라움, 화남, 슬픔, 기쁨 — 이 최고입니다.

그러나 사람들은 좋은 감정을 청유형, 감탄형으로 나타내기 어려워합니다.

우선 청유형, 감탄형으로 말문을 터 보시지요.

나태주
시인 / 전, 한국시인협회 회장

1

노인 외 6편

나태주

제주도라고 말했다
돌하르방이라고
차마 말 못하고

귀로

저녁 햇빛에 드러난
자작나무
종아리가 더욱 희다

눈밭

눈이 부셔서
자꾸 눈물이 난다
네가 너무 예뻐서

여행 둘째 날

오늘 보니 다 예쁘네
어제는 별로였는데

모퉁이길

저너머 무언가 있을 것 같고
누군가 기다리고 있을 것 같아
마음이 저절로 간다

영춘화

얼레, 벌써 꽃폈네
좋은 사람 한 사람
찾아온 날에

나두요

나두요
멀리 손을 들어 흔듭니다
그 힘으로 곧
봄꽃이 필 겁니다

나태주 시인, 전, 한국시인협회 회장

유튜버 권대욱 외 3편

권대욱

새벽 끓고 어둠 불사른 너의 유튜브
아무리 보라 해도 안 보는 사람들
네가 나를 모르는데 난들 너를 알겠느냐
삐친 마음
詩人의 마음 배우니 사바가 발 아래라
먼 훗날 내 생각 나거든 많이 많이 보시라
흙 속에 나 혼자 웃고 있으리라

권대욱 산막스쿨 교장

보라보라 해도 안 보는 사람들

네가 나를 모르는데 난들 너를 알겠느냐
삐친 마음
선생께 詩人의 마음 듣고 익히니 급한
마음이 없다
위대한 시인은 훔치는 자라 했으니
아, 그래
나 죽은 다음 많이 보거라
천고의 뒤에 백마 타고 오는 초인이 있어
내 무덤 앞에 목놓아 울게 하리라

3.1절

삿포로
봄볕에
지는 눈을 보니
터지자 밀물 같은 대한독립만세
그날의 생각에 눈물이 난다
내가 그러하니
너 또한 그러하리라

 그렇군요. 북해도 여행 마지막 날이 3월 1일. 일본땅에서 삼일절을 맞으니 그 감회가 피차간 남달랐습니다.

始詩人生

詩다운 인생은 아름답고
詩답지 않은 삶은 시시하다
자세히 보면 모든 게 다 詩다
너도 그렇다

　권대욱 회장님의 글은 짐짓 옛스러운 가락에 오늘의 숨결을 담았네요. 충분히 좋은 시입니다. 꾸뻑!
　진즉에 모두들 시인이셨나, 아님 다녀와 시인되셨나.
　이런들 어떠리 저런들 어떠리, 이미 우리 모두 시인인 것을
　짐짓 옛스러운 가락에 오늘의 숨결을 담았네요.
　충분히 좋은 시입니다.

눈 외 1편

김규린

하늘을 깁는 하얀 천처럼
가벼운 온기들이 조용히 내려와
세상의 날 선 마음을 덮는다

시간이 지나면
아물지 않은 자리마다
천의 온기가 스며들고

눈에 보이지 않는 곳에서
조용히 아물어가는 마음이 된다

김규린 이의고등학교 1학년

구름처럼

하늘은 묻지 않는다
어떤 모양이어야 하는지
어떤 모습이어야 하는지

부는 바람에 흘러가고
쇠한 햇빛을 머금는다

모양이 달라졌어도
구름은 구름일 뿐

나는 나로 서고싶다
흐트러져도, 흐려져도
담담하게 나일 수 있기를

    김규린 님은 자기다운 체험과 소망을 자기다운 언어로 잘 형상화 — 하나의 그림이나 음악처럼 — 해냈군요.
    손 대표님의 칭찬받을 만합니다. 새로운 사람, 새로운 감성이 짱입니다. 마음의 때 — 지식, 고정관념 — 가 끼지 않아 그렇습니다. 김규린 님의 시는 눈을 보는 듯하고 눈밭을 느끼는 듯 담백해서 좋습니다. 이렇게 깨끗한 마음에 깨끗한 시도 있습니다.

자작나무 외 3편

김미영

시린 눈에
발목을 담고
같이 웃고, 울더니만
너도 따라 어느새
하얗게 변했구나!

친구는 닮는다는
곰삭은 말이
그리운 얼굴을 차창에 그리며
너를 따라 하나 둘
스치고 지나간다

김미영 청주시여울림센터장, 부모교육 · 대화법 · 감정코칭 전문강사

삿포로 눈을 보며

멀고 먼 길을 돌아오며
송이송이 담은 사연

하얗게 불태웠던
인생이 촘촘이 박히고
시리도록 아팠던
시절이 켜켜이 쌓이고

눈을 담은 눈에
눈물이 고이는 것은

따뜻한 눈길로
포근한 가슴으로 얼싸안을
먼 고향 손님을 기다린
님을 만난 때문인가?

시

1
예쁜 사람을 만났다

마음이 예뻐지니
눈이 예뻐졌다

세상이 온통 '예쁨' 천지다
온 세상에 '시'가 묻어 있다

2
생각을 앙금으로 가라앉히고
떠오르는 감성을
뜰채로 건졌다

하얀 종이 위에
까맣게 펼쳐놓으니
비로소 '시'가 있었다

요테이산

참 경이롭다!
서로 다른 따로들이
어우러진 아름다움

뜨거운 열기를
차가운 눈이 덮고
자작나무 속
붉은 돌산 사이로
토해내는 하얀 입김

서로 다른 따로들이 어우러진 그 아름다움을
닮고싶다

 김미영 님의 「눈을 보며」는 시를 예쁘게 쓰려는 노력이 많이 들어간 작품입니다. 문장의 호흡이 부드럽고 우아해서 좋습니다. 「시를 배우다」는 그냥 「시」라고 제목을 했으면 어떨까요? 분명 앞으로 좋은 시가 그 몸과 맘에서 쏟아질 것을 예감합니다. 세상일체가 예쁘게 보이기 시작했으니 새로운 세계가 열릴 겁니다. 김미영 님의 「요테이산」이 좋네요. 자연 속에서 인간 세상을 읽고 그 꿈을 일구어냈으니까요.

무제

김선옥

시란 게 저 만큼 있는 줄 알았는데
삿포로에서 이야기하고 웃는 사이
저마다 맘 속에 숨어 있었구나

김선옥 배낭여행가

네. 네. 그렇습니다. 시란 게 멀리 따로 있지 않고 우리 몸과 마음 가까이 나와 함께 있답니다. 그걸 찾아내기만 하면 되지요.
 김선옥 님의 '시 찾기 여행'을 응원합니다.

달리기

김세미

다리는 아프고
몸은 힘들고
숨은 가쁜데

마음은 더 멀리까지 가고 싶대

김세미 패스브레이킹싱어즈, 소프라노

 김세미 님, 작지만 큰 의미를 담았군요. 어릴 적의 기억과 인생살이를 연결지은 내용이 멀리 울림을 줍니다.
 〈세미에게〉
 예쁜 사람, "사람도 예쁘고 노래도 예쁘고 마음도 예쁜 사람
  그 예쁨이 너를 세상 끝까지 데리고 다니리라."

사람이 보석이다 외 3편

김소언

내리는 눈은 없어도
쌓인 눈은 가득하다

풍경에 취한 줄 알았더니
같이 한 사람에게 스며들었다

사람이
사람을 위로하고
걷게 하고
따시게 한다
그뿐이다

김소언 상호금융 근무

엄마의 기도

오늘도 안녕한가?
나의 지체들아
기억은 또렷한 듯한데
몸은 어제와 다르다

두 번째 어린아이를 마주한
여든 살의 엄마는
웬수 같은 아버지를 잊을 수 없다
천 번을 흉을 봐도 가슴은 뜨겁다
만 번쯤 하시면 시원하시려나!

기억을 조금씩 잃어가면
다정한 남편도 만나시려나
자식들로는 평안하니
반은 행복하였다
절반의 성공이니
이 또한 감사하리

잠자는 것처럼 이별하기를 기도하신다

여행길

기대 없이 온 길
정처 없이 온 길
그 길에
흰눈이 수더분하게 맞이해 준다
따뜻한 불빛에
뜨거운 커피에
내 마음이 녹은 줄 알았지만
서로 잡은 두 손과
빛에 반짝이는 너의 얼굴에
찬기 가득한 내 심장이 따뜻해진다

여행은
나를 들여다보는 맑은 물을
마주하는 것

딸에게

작은 몸으로 울음을 삼킬 때
혼쭐나게 야단을 쳤는데
이제
딸은 울지 않는다
무덤덤하게
받아들이는 감정의 그릇으로 컸나보다
이제
딸은 웃지 않는다
고단했던 시간 뒤에 오는 웃음을 믿지 않나보다

이제야
엄마의 색깔 말고
너만의 색깔로 충분하게 물들일 때
웃음과 울음 모두 너의 것

　김소언 님은 이제 입이 풀렸네요. 그냥 그대로 시의 말법이 되었어요. 그냥 술술 나오는 대로 시입니다. 그대로 주욱 밀고 가시기 바랍니다. 축하.

2

엄마 외 2편

김은교

너무 가까이 있다는 이유로
너무 익숙해져 있다는 핑계로
이제야 보입니다

그 어떤 곳에서도
그 어떤 시간에서도

버티게 하는
버틸 수 있게 하는

가장 친한 나의 친구
가장 사랑하는 나의 연인

김은교 기획재정부 공무원

그리움

내리는 눈송이는
피할 수가 없다

널 향한 그리움은
멈출 수도 없다

별

보이지 않더라도
감춰져 있더라도
항상 그 자리에 있음을 알기에

밤하늘을 밝히기 위해
수백년 전 희생한 널
나는 오늘도 바라본다

너를 닮은 내가 되길
나는 오늘도 바래본다

김은교 님의 시, 모두 간결하고 간절해서 좋아요. 이유는 자기의 삶을 통해 스스로 체득한 마음이기 때문일 터. 김은교 님은 간결하게 글을 쓰면서도 내면의 말을 끌어낼 수 있는 능력이 있는 분입니다.

특히 김은교 님의 시 「별」은 상큼한 동경이 잘 드러난 글입니다. 소녀의 꿈도 담았구요.

선물 외 3편

김정은 로사

묵은 생각
편협한 마음을
삿포로에 두고 떠난다

삿포로는
알면 알수록
더 좋아지는 이웃이었네

너를 알면 알수록
네가 더 좋아지는 것처럼

가꾸는 건 내 몫이야

김정은 로사리오의 남양 성모성지 근무

햇살에 봄이 실렸구나

투명하게 맑은 하늘
코끝 시린 바람
달라진다는 건
너그러워지는 거였어
봄날의 햇살처럼

마음에 피는 꽃

이따금…
시간을 내어 꽃을 보러 가야 합니다
꽃을 보아야 내 마음에도 꽃이 핍니다

첫눈 내린 날

설레임을 갖기엔
마음이 조급한 하루의 시작
그 아침에 온 마음의 간절함을 담아
하늘로 보내는 마음에
끄덕인 하늘 마음일까?
사뿐사뿐 부드럽게
대지에 입맞춤을 보내는 하늘
낮은 곳으로 자꾸만 자꾸만 내려 스며드는
그 숭고한 겸손에
나도나도 그래야지
사람에게 더 정성스러워져야지

  김정은 님은 많은 시를 지으셨네요. 놀랍게도 짧은 서줄짜리 시가 제일 마음에 와닿습니다.
  그만큼 간절한 진심이 담겼기 때문일 겁니다.
  김정은 님의 언어가 눈처럼 정결하고 아름답습니다.

하얀 망초꽃 외 3편

김종학

영역 표시가 없어
자리 다툼도 없는 세상

하얀 망초꽃에 앉아
꿀 따는 무당벌레

싱그러운 향기를 내뿜고
사이좋게 곁을 내주는 곳

너와 내가
서로 대립하지 않는
그 곳이 좋은 세상

김종학 지성건설 대표

여행

여행은 보금자리를 벗어나
미지를 찾아 떠난다

여행을 하다보면 다양한 문화를 만난다

인종과 언어는 달라도 마음은 하나다
마음 속 생각이 하나이기 때문에

여행은 누구와 동행에 있어
즐거움과 기쁨을 준다

가장 행복한 여행은 사랑하는
사람과의 동행

작약꽃 피우다

싸늘한 계절 버티고 다시 살아
붉은 싹 번져 대공은 하늘을 본다

잎이 창창해지기까지
온기 백 배 붙여다가 잡아주고

막대기에 기대 애달파 하다가
한 날 새벽 꽃 멍울 터진다

그 앞에 연분홍 수줍음으로
발그레진 색악시 같은 여자

병색 벗은 맑은 남자가
작약꽃 이야기를 쓰고 있다

  인간은 자연과 대화할 때가 제일로 편안하고 아름답습니다.
이 시 또한 자연과 동등하게 소통하는 그 마음이 진정으로 건강
한 세상을 열어줍니다.

인연

인연의 장르는 다양하다
반갑게 찾아오는 인연
슬픔을 주는 인연
불행을 주고 떠나가는 인연

이런 많은 인연 중에
끝까지 함께 동고동락할 인연은

내 곁을 지켜주는 그림자

 김종학 시인 님의 시는 다좋습니다만 맨앞의 시 망초꽃에 관한 시 〈하얀 망초꽃〉이 가장 울림이 큽니다. 왜냐하면 우리 인간의 삶에 반성과 소망을 주기에 그렇습니다.

가을의 위로 외 2편

김채윤

그윽한 동공 속 초점 잃은 갈대들
산들바람에 정처없는 연약한 낙엽들

노을의 아련함도
철새의 노련함도
왠지 가엾게 느껴져 한껏 품어본다

고혹했던 가을바다는 짠맛만 남긴 채 저물고
겨울이 오고, 다시 봄이 온다

품어줬다고 생각했는데
품어졌었나보다

나를 품었던 가을을 다시 기다린다

김채윤 대학생

고백

고운 날 진달래 길 타고 들려오는
맑은 숨소리

자갈길 거칠게 달려오는
자전거 쇳소리

곧이어 들려오는
너의 종종 걸음 소리

벚꽃 만개한 다리 길 위
봄에게 이야기를 전해 들었는지
분홍빛 얼굴을 하고 나에게로 달려온다

낙엽

바람의 노선 따라 갈피 잡지 못하고
좋다고 따라다니다가
바람 지고선 돌아갈 곳이 없어
마지막 자리를 찾아 눕는다

밑바닥에 등이 닿아 등골서늘한지도 모르고
계절의 끝에 내던지고 홀로 겨울이 되어버린
바람에 대한 원망도 없이
순수한 눈으로 뒤덮일 세상을
천진난만한 표정으로 바라본다

　김채윤 님의 글은 나이답지 않게 사유가 깊습니다. 언어의 펼침도 자유롭구요. 생각이 깊은 사람인 듯합니다. 완전 자기화된 세계를 담아 매우 당차면서도 아름답습니다. 자기다운 한 세계를 열었습니다. 그 젊은 숨결에 박수를 보냅니다. 더욱 힘차게 나아가기를 빕니다. 그 성격이 그대로 나타난 듯합니다. 차분하고 정갈하여 읽는 이의 마음도 그렇게 바꿔줍니다.

밥 외 3편

김태영

옛날에 울엄마는
맨날 맨날
밥 문~나
밥 무~라 하셨다

지금은 내가 이리 말한다

내가 딸에게
밥 문~나
밥 무~라 한다

김태영 74세에 시를 쓰게 된 시니어, 7살 손자의 할머니

나뭇잎

앙상한 나뭇가지에
듬성듬성 매달린 나뭇잎들
그 중 한 잎이 바람에 뚝 떨어진다
내 마음도
같이 뚝 떨어진다

나뭇잎, 너도 한때는
새파란 풀내음 풍기며 뽐내었겠지?
잠시 서글퍼지다가
지금 이렇게 살아있음에
감사하고
또 감사하다

하늘나라

어느날 문득 손자가 묻는다
할머니, 할머니는 언제 가세요?
어디를, 하고 내가 묻는다
손자가, 하늘나라요 한다

나는 멍하니 잠시 있다가
할머니는 오래 있다 갈 거라고 말했다
손자가 왜요 하고 묻는다

다시 생각해 보니
나도 갈 때가 되긴 되었구나

시간

가을이 오기 전에
해야 할 일들이 너무 많다
연락 없던 친구도
만나야 하고
여행도 가야 하고
먹고싶은 것들도 많지만
시간은 먹고싶지 않다
가을이 빨리 올까봐

　김태영 님의 시 「밥」은 여러 차례 고치고 바로 잡아 새로운 모습을 갖춘 작품입니다. 짧은 글이지만 많은 시간을 안고 있는 시입니다. 그러기에 더욱 독자의 마음을 울려줄 것입니다. 깔끔하고 예쁜 시, 브라보!입니다.

선물 외 3편

김효정

선물처럼
다가왔다

인연이
우연처럼

김효정 전 서울시향, 비올리스트

살다보면

살아내는지
살아가는지

알게 된다
살다보면

나무

따스한 봄의 햇살처럼
온화한 웃음으로 나를 안아주면 좋겠어

너의 큰 손으로 뜨거운 여름 햇살을
가려주면 좋겠어
비가 오면 내가 떠내려가지 않게
나를 잡아주면 좋겠어

가을 바람에 내가 흔들리듯
내가 흔들면 너도 조금은
흔들렸으면 좋겠어

겨울 나무야 나무야
내가 따스한 마음으로 다시 돌아갈게
나를 기다려주면 좋겠어

질식

핸드폰이 죽었다
심장이 두근두근
오지에 홀로 남은 기분

 김효정 님, 좋아요. 거침없는 느낌 눈치 보지 않는 표현이 점점 좋아져요. 더욱 가벼워진 마음으로 언어를 끌어와보세요. 더 좋은 세계가 따라올 것입니다.
 김효정 님의 여러편 시 가운데 「나무」란 글이 젤 좋습니다. 무엇보다 시 쓴 본인의 인생과 느낌이 잘 들어있습니다. 하지만 「선물」 「살다보면」같이 짧은 시도 잠언 같아서 좋습니다.

김치

김희경

누구나 좋아하는 김치

어떠한 음식을 먹어도
누구나 찾는 김치

나는
늘 김치처럼 살고 싶다
누구나 쉽게 찾는 김치처럼

김희경 풀문문화센터 강사

　김희경 님의 시 「김치」는 친근한 생활상을 활용한 아름다운 인생시입니다. 진심이 이끌어낸 또 하나의 보석입니다. 평범한 일상 속에서 진리를 찾으셨군요. 그렇게 찾은 진리가 평생 김희경 님을 해맑은 날로 이끌 것입니다.

눈꽃 외 1편

마유정

꽃이 피면 눈이 오려나
눈이 오면 꽃이 피려나
저너머 하얗게 핀 꽃
내 마음도
하얗게 하얗게
눈꽃 되어 날리네

마유정 패스브레이킹싱어즈, 소프라노

길

햇살이 내려 앉고
바람이 머물다 가는 길

이름 모를 꽃들이
가만히 인사하는 길

어디든 길이 있고
걸어가면 길이 되는 것

그래서 나는 오늘도
조용히 길 위에 선다

　마유정 님의 시는 깔끔한 동시를 연상합니다. 수제비 잘 만드는 사람이 국수도 잘 만다는 말이 있듯이. 마유정 님의 시「눈꽃」과「길」은 매우 아름답네요. 어젯밤 잠결에 보아 제대로 읽지 못했는데 두 편 모두 주옥편이네요.
　에이쿠! 젊은 사람들 갬성은 이래저래 눈부시고 뛰어납니다.
　나이 든 사람은 따라가기 도무지 쉽지 않다니까요. 그래서 인간 모두의 축복이고 희망입니다.

눈은 깔끔쟁이 외 3편

박수진

눈이 온다
멈춤이 없다
세상이 깔끔하게 덮였다
세상이 깔끔해졌다

박수진 수앤진컴퍼니디자인그룹 대표, 『CEO의 책상』 외 지음

삿포로 눈케익

밤 사이 하얗게 사르르
켭켭이 정성껏 쌓아올린
눈으로 먹는 눈케익
마음으로 먹는 눈케익

구름바다

파란 하늘이 바다로구나
하얀 구름이 파도로구나
뭉게뭉게 파도 거품이
천상에 피어난 바다로구나

너에게 가는 길

너에게 가는 길 위에
하얀 눈이 조용히 내리네

발자국마다 내 마음 남기고
너의 품에 살며시 스며드니

너에게 가는 길은
내 마음처럼 포근히 쌓인 눈길

박수진 님의 여러 편 짧은 시 가운데 「삿포로 눈케익」이 가장 실감있고 절실한 느낌을 줍니다. 역시 체험이 바탕에 깔렸기 때문입니다.

시가 단순 명쾌 좋은데 모든 문장을 노랫조인 '네'로 마치지 말고 한 군데쯤은 명사형 종지로 하면 더 힘을 받을 것 같습니다. 명사형 종지로 하려면 그 부분을 잘 골라야 하고 그 부분 문장의 단어 어순을 바꾸어야 합니다. 그렇게 하면 문장에 힘이 생깁니다. 그러나 기본적으로 이 글은 맑고 깨끗한 심상이 잘 드러난 예쁜 시입니다.

가족 외 3편

박지숭

저녁을 준비하다가
라디오에서 옛 노래가 흘러나온다
어릴 적 엄마가 차려 주신
밥상에 둘러앉아
엄마 아빠 동생 그리고 나
네 사람이 세상 전부였던 시절
추억의 시간 속에 잠시 머물다
"엄마!" 하는 아들 목소리에
나도 얼른 밥을 짓는다

박지숭 달빛 코치, 꽃중년 커뮤니티 〈꿈페포럼〉 운영자

눈 사막

오타루 가는 길
강에서 산자락까지
하얗게 쌓인 눈 사막
발자국 하나 없는
고결한 그 길을
뽀드득 뽀드득
걸어가 봤으면

정윤이에게

마흔 다섯에 너를 낳던 날
엄마는 새로 태어났어

너의 엄마로 산 지 7년
네 나이 일곱살
우리가 모자의 인연으로 만나
숨쉬며 사는 모든 순간이
그저 기적 같고 감사해

많은 분들의 기도와 사랑으로
이 세상에 온 정윤아
언제나 감사하고
사랑하며 살기를
너의 이름처럼
반짝반짝 빛나길 기도해
사랑하는 엄마가

시간

오십 년 세월 어디로 갔을까
마음이 급해지던 순간
문득 깨닫는다
울 엄마 나이 일흔둘

　박지숭 님의 「가족」이란 시, 크고도 멀고 추상적인 주제를 마이크로로 다룬 점이 좋습니다. 시간의 간극이 많이 들어가 울림이 커진 글입니다. 그래서 짧지만 긴 시가 되었습니다.
　박지숭 님의 「눈 사막」(눈+사막) 그 제목이 벌써 창의적입니다. 「정윤이에게」라는 시는 진솔합니다. 진실함은 모든 것을 덮고 가장 앞자리에 섭니다. 그 진실의 힘을 계속 밀고 가십시오.

3

나이가 든다는 것은?

박지영

주변인에게 내 온기를 나누어 줄 수 있는
넉넉함이 생기는 것
영혼이 풍부해지는 것
마음이 평안해지는 것

와인이 오크통에서 익어가는 것처럼
참 가치 있는 일

나이가 들면서 지혜도 생겨나고
삶의 균형감도 찾아간다

죽음이 가까이 다가옴이 때로는
두렵기는 하지만
역설적으로 죽음이라는 끝이 있어
매 순간이 소중하다

박지영 강건 엄마

　박지영 님의 글은 웅숭깊은 인생 시입니다. 자신의 인생을 관조하면서 삶의 진정한 모습을 찾아내신 그 지혜로움에 감탄이 있습니다. 이러한 맑고 깊은 성찰에 의해 인간은 진정으로 성숙해지고 아름다운 전경을 엽니다.

Oda al amor

Jose Manuel Robledo Ardila

Cuando todo pareció perdido
Apareció Soo desde un rincón escondido
Me ofreció esperanza, juicio y amor al cual correspondi de la misma manera sin mucho mas estupor.
No fue fácil el camino hacia la estabilidad
Por las diferentes vidas que nunca vamos a olvidar.
Pero con amor persistencia y tesón aqui estamos Soo yo y nuestro amor

Jose Manuel Robledo Ardila
A Spanish Captain Pilot in UAE

너에게 가는 길

서수현

지구 반대편에서부터
아장아장 첫 걸음을 떼고 난 후
뚜벅뚜벅 발소리를 내면서
한발짝씩 차곡차곡 너에게 향했다
가다 지칠 때면
터벅터벅 느리게 가고
터덜터덜 주변을 헤찰하며 거닐다가
때로는 무거운 배낭 땜에 휘청휘청 거리고
비틀비틀 지쳐 헤매기도 하였지만
그러다 다시 사뿐사뿐
너를 향한 희망의 무지개길
그렇게 꼬오박 걸어
끝내
네가 나에게 왔다

서수현 법무법인승앤파트너스 대표 변호사

 서수현 님의 「너에게 가는 길」. 늦게 온 소포지만 너무 아름다운 내용이 담겼네요. 그 소포를 열면서 가슴 가득 향기를 안습니다. 그 낭창한 감성은 배울 만합니다. 머나먼 동경과 함께.

詩鏤(시루)떡 눈 외 2편

손진기

잘 익은 맛난 시루떡처럼
눈이 켠켠히 쌓였다
마치 나이테 같다

눈 녹듯이 이제 내 나이를 덜어내야겠다
이 눈 다 녹으면 봄이 오듯
내 인생도 이제부터 봄이다

손진기 드림공화국 대표, 시사문화 평론가

詩時(시시)한 여행

詩로 시작된 여행
내 평생에 이렇게 많은 詩를 마주한 時가 없다

지금은 시를 마중 할 때
詩가 내게로 찾아오지 않는다
詩를 맞으러 가야겠다

모든 것이 詩로 보인다
이제부터 詩作이다

詩時한 내 인생!

詩人 나태주

제주도에서 보았는데 삿포로에서 만났네
미소 가득 머금은 돌하르방

마을 어귀에서 만났는데 삿포로에서 느꼈네
동네 노신사의 마음결

마음에 품었네
선생님을 향한 존경심

　손진기 님의 글은 그대로 시론입니다. 그 시론을 따라가다 보면 시들이 마중 와 줄 것으로 믿습니다.
　와~ 손진기 대표님 시, 비록 나태주 개인을 대상으로 쓴 희화화된 시지만 서로 다른 사물을 연결시켜 한 자리 앉히는 솜씨는 가히 요술이네요.

무제 1 외 3편

송숙희

앞산에 꽃이 피니 뒷산이 기뻐하고
뒷산에 꽃이 지니 앞산이 슬퍼하네
이 마음꽃은 언제 어느 곳에 피우랴

송숙희 교보생명 근무

무제 2

육체는 빈 껍데기
정신이 진짜

정신이 사는 곳이 육체
미련한 사람의 전부가 된
육체

정신은 언제 세상의
전부가 될까?

여행길

너도 나도 갈 수 있는 그 길
내가 가는 그 길은 꽃길
동무랑 가는 그 길은 추억의 길
내가 나와 가는 길은 인생의 길
언젠가는 그 누구도 다 가는 길

나

겉으로 보이는 모습은 가짜!
보이지 않는 나도 모르는
내 모습은 진짜!
세상은 진짜 + 가짜
그래도 내 모습은 진짜!

송숙희 님의 「여행길」, 「나」는 사유가 반짝이는 글입니다. 그런가 하면 「무제 1」, 「무제 2」는 오랜 삶 속에서 건져올린 교훈을 담고 있는 의미심장한 글입니다.

누으은에게 외 3편

송영은

누으은아
마음껏 크게 불러보고 싶었다
누구나 한번쯤 누으은을 목놓아 부르고 싶을 때가 있다

힘들 때 생각나는 친정 엄마를
눈에 넣어도 아프지 않을 딸의 이름을
이뤄지지 않아 더 아쉬운 꿈을
꿈에 대해 밤새 대화했던 친구를

나는 오늘에사 누으은밭에 와서 마음껏 불렀다
반갑다 누으은아
고맙다 누으은아
사랑한다 누으은아

송영은 풀문문화센터 사무국장

벙어리 냉가슴

처음 눈(雪)을 보며 넌 환호했지
만지면 어떤 느낌이냐 묻는
지구 반대편의 너에게
말하지 못하는 나는 벙어리

처음 눈(目)을 보며 난 환호했지
만나면 보고 싶었노라 말하려한
지구 반대편의 너에게
말하지 못하는 나는 냉가슴

처음 시를 쓰며 넌 감탄했지
그리움을 전하려고 쓴 시
아버님에게 답이 왔을 때
얼어붙은 너는 냉가슴

처음 시를 쓰며 난 감사했지
쓱하고 쓰고 싶은 시
너무 잘 쓰려 뜸 들이지 말라고 했을 때
얼어붙은 나는 벙어리

청소

몸을 낮추니 비로소 먼지가 보이듯
마음을 낮추니 비로소 교만이 보입니다

낮은 자세로 지구를 청소하듯
낮은 마음으로 마음을 쓸어봅니다

깨끗한 지구에 태양이 오르듯
깨끗한 마음에 행복이 떠오릅니다

나는 오늘도 지구를 청소하듯
내 마음을 닦아봅니다

식구

밥을 같이 한 사람 식구
몸을 내보인 한 사람 친구
시를 같이 쓴 한 사람 싯구

송영은 님의 시 역시 그답습니다. 수줍고 조그마한 마음이 그대로 나타났네요. 이런 마음으로 다른 대상에 대해서도 써보시길. 아리잠직한 인간과 문장이 손을 잡을 때까지.「누으은에게」는 눈처럼 순결한 시입니다.

'눈'과 '누나야'를 연상하게 하는 '누으은에게' 연음처리 발음이 각별합니다. 송영은 님의「청소」란 글은 매우 부드럽고 자유스럽습니다. 자기다운 표현이어서 그럴 겁니다.

송영은 님의「식구」란 시도 좋습니다. 식구, 친구, 싯구 그런 한국어의 말맛을 살린 말놀이도 재밌네요.

이입

원치승

나는 보았다
그 폐부 깊숙히 찢겨 있는 상흔을
그는 던졌다
긁힌 살피지 속 뚫고 나온 외침을

그리고…
나는 받았다
울컥이는 나의 심장 속 멜로디를
결국
나는 깨달았다

그것은 나의 심연 어딘가에
숨피워오를 절규라는 것을

원치승 원여행클럽 대표

시는 **뺄셈**이고 영혼의 울림이 있는 글이라고 말할때 거기에 근접한 글입니다. 이 분의 숨은 능력에 화들짝 놀랍니다.

여행의 아침 외 3편

송윤섭

눈을 감아도 보이는
붉은 햇살을 만났다

매일 아침 우린 만났지만
오늘의 아침은
우리를 붉게 물들인다

송윤섭 구글코리아, 『내 감정의 주인을 찾습니다』 지음

빌려 사는 삶

훔치는 것보다 빌리는 것이 어렵습니다
그러나 기꺼이 빌려서 지내다
조용히 돌려드리고 떠나겠습니다
감사한 마음은 빌리지 않았지만
함께 돌려드리고 떠나겠습니다

눈을 보며

소복히 내려앉은 눈
시간으로 켜켜이 쌓여 있다
나이테처럼 아님 크로아상처럼

눈 녹으면 드러날 바닥엔
키높이 제각각인 돌멩이들
눈 속에 어깨를 맞대고
포근한 겨울을 보낸다

    사실+상상으로 글이 되어 있습니다. 도입부터 느낌으로 시작하면 더 좋을 듯합니다. 시에서 첫 문장은 감탄, 청유로 시작하는 것이 유리합니다.
    송윤섭 님의 글은 매우 동화적입니다. 자신의 마음 안에 아이가 살아있기 때문입니다. 그 내면 아이를 진지하게 마주해보시기 바랍니다. 산책하면서, 혼자 창가에 앉아서, 여럿이가 아니고, 자동차 운전할 때 아니고, 누군가에게 따돌림 당한 것 같은 시간에 반짝이지 않은 자신에게서 숨겨진 축복이 찾아옵니다.

근황

요즘 어떻게 지내?
툭 던져본 한마디

그 아이는
청사초롱 꽃처럼
툭 고개를 떨군다

붉어진 꽃잎이
나를 원망하며
툭 하고 떨어진다

    송윤섭 님의 「여행의 아침」 삶의 발견이 있어 좋습니다. 그 발견이 독자에게 기쁨을 줍니다. 「빌려 사는 삶」도 좋습니다.
    송윤섭 님의 글은 군계일학입니다. 충분히 감각적이고 형상화가 잘 되어있을 뿐더러 소통의 길을 넓혀 감동을 줍니다.
    송윤섭 님의 「근황」은 시의 문장으로 잘 형상화된 글입니다. 글쓰기엔 조소와 조각이 있는데 조각의 기법을 활용한 글입니다. 격정을 잘 다스린 점도 좋습니다. 짧은 그릇의 물에 하늘을 담았습니다.

길 외 3편

송지은

내 인생
앞으로도 뒤로도
너와 같은 인연 없을 걸

나
돌고 돌아
너에게로 간다

송지은 주식회사 지케이 대표

새

이른 새벽
창 밖의 그림자
너였을까?

말 없이 떠난 네가
새가 되어 돌아왔나

오늘도 어김없이
이른 새벽 눈을 뜬다

꽃이다

나는 꽃이었다
하얀 백설기와도 같은

한 숨 고르고 본
너 또한
꽃이었음을 알았다

모양도 색도 향기도 다르지만
우리는 꽃이었다

화려한 붉은 작약을 사랑했다
작약이 되고 싶었다

나는 백설기 같은 꽃이다

삶에게 답하다

삶이 묻는다
어디서 왔느냐고

삶이 묻는다
어디로 가느냐고

이렇게 답해도 될까?
기쁨 따라 왔고
감동 따라 간다고

송지은 님의 시 「새」가 깔끔하네요. 일취월장입니다. 「길」은 작은 대상을 무한히 큰 대상으로 확대, 말하자면 마이크로입니다. 환한 세상이 보입니다.

너와 나 외 2편

유온유

너인가 했지
그런데 나였네
내 꿈 따라 너와 만나
일상에서 수를 놓아
그 꿈 따라
너를 알고
그 삶 속에
나 있어서
살아 보니 추억이라
느껴보니 그리움
꿈이 어린 회상으로
그 삶은 사랑

유온유 미국연합장로교회 협동목사, 심리상담, MCCI 코치협회 코치

겨울을 떠나 보내며

그 한여름 나의 소나타

눈 내린 겨울날에
문득 찾아와 다시 보니

너는 없고 나만 왔네

계절 따라 세월 타고
날아갔나 흘러갔나

 그리운 그날이여

나 오늘 이곳에 다시 오니
그리움만 남아 있어

애달파라 그 여름의 소나타

내 마음 어설프니
나 이제 내 주 만나 얼굴 붉히네

개암 열매 두 알

이슬 젖은 얼굴로
두 손에 곱게 담아
거친 손 말없이 쥐어 주신
그 개암 열매 두 알
세월 지나 지금도 남아 있는
내 아버지
그 사랑이 그립습니다

    유온유 님의 시 「너와 나」, 「겨울을 떠나 보내며」도 좋지만 「개암 열매 두 알」이 가장 마음에 와 닿습니다. 유년의 추억에 두레박이 닿았기 때문입니다. 이분의 글에서 보이는 특징은 세상을 너그럽게 바라보면서 모든 것을 긍정으로 받아들이는 넓은 품에 있습니다. 그 마음에 축복 있기를!

4

내 친구는 어디에 외 1편

유정숙

우리 마을에 내 친구는 단 세명이었다
술 주정뱅이 앞집 아저씨
효부상을 받은 옆집 아줌마
매일 꽃을 새던 뒷집 할머니

좁고 가파른 언덕길을 주정뱅이 아저씨는
늘 한번씩 넘어졌다.
그때마다 동전을 떨어뜨렸고 나는 그걸 주웠다
어느날부터인가 동네가 조용했다.
아저씨는 더 이상 술을 마시면 안되는 병에 걸렸다고
했다. 그리고 몇 개월 뒤 폐암으로 죽었다

효부상을 받은 아줌마는 시어머니를 알뜰히 봉양해서
면에서 내려준 상이라던데 너무 힘들게 봉양했는지
시어머니보다 먼저 세상을 떠났다

꽃무늬 치마를 입고 볕좋은 마루 끝에 앉아 숫자를
세던 할머니는 늘 내가 꽃이 몇 개냐고 물어볼 때마다

"하나, 둘, 셋, 넷, 다섯 … 아홉, 하나"
늘 열을 넘기지 못하고 다시 하나로 돌아왔다
할머니가 귀엽고 우스웠다
할머니는 우리 엄마가 죽고 삼년 뒤 세상을 떠났다.
아기같이 숫자를 세던 할머니가 앓고 있던 병은 치매였다

나는 매일 세 친구와 나의 세상에서 가장 진지한 이야기를 나눴다
할머니와 숫자를 세고 주정뱅이 아저씨와 유행가를 부르고 효부 아줌마가 들려주는 옛날얘기에 빠져 지냈었다

내가 중학생쯤 되었을 때 그들은 모두 내 기억 속에서 사라졌다
나는 더 이상 외롭지 않았다

유정숙 도서출판 등 대표, 계간《화백문학》편집장

그날의 눈보라

그날 나는 한 걸음도 떼지 못했어
마음은 텅 빈 공터 같았고 온몸은 얼어붙어 버렸어
세상은 점점 짙은 회색빛으로 차오르고
눈보라는 점점 세차게 울부짖었지
나는 절망감에 파묻혀 버렸어
저 세찬 눈보라 속을 헤쳐가 봤자
나를 맞아줄 '엄마'는 어디에도 없어
그렇게 절망하던 순간
내 몸이 조금씩 움직이는 걸 느낄 수 있었어
그 세찬 눈바람이 내 등을 밀어주었던 걸까?
그렇게 나는 그날 집으로 돌아올 수 있었어
그래, 이제 알 것 같아
40년 넘게 만났던 그 눈보라는
내가 멈칫할 때마다 한발짝씩 나아가게 했던
엄마의 응원이었을지도

유정숙 님의 시는 헌걸차고 시원스럽습니다. 글이 사람이란 말이 맞는 말 같습니다. 사람도 시원스럽더니 글도 그렇네요. 빨간 도깨비처럼. 유정숙 님의 글은 너무 많이 안 다듬는 게 좋을 것 같아요. 거친 듯한 숨결이 더 인간적으로 다가오니까요.

요테이산(양제산) 외 3편

윤정선

한자락 구름이
서서히 흘러간다
뽀얗게 드러낸
온전한 너의 모습
태양이랑 그 뒤에서
놀고 있었구나

쌓인 함박눈이
내 키를 넘어선다
묵묵히 기다린
듬직한 너의 모습
두 눈 가득히 널
담아 가야지

윤정선 화가

눈그림

하얀 눈이 내려와
도화지를 만든다
네 발자국
내 발자국
우리가 담긴 그림

얘들아, 이리와
– 노시인의 목소리

얘들아, 이리와
마음 한구석
수줍게 숨어 있던 어린아이
빼꼼히 고개를 든다

얘들아, 이리와
미소가 그리는 초승달 두 개
조막손 꼭 쥐고 뛰어간다

귓전에 따라오는 한 마디 말
얘들아, 이리와

눈비

향기없이 내려온 너
소리없이 스며든 너
예고없이 사라질 너

봄을 데리고 온 거니?
겨울을 데리러 온 거니?

윤정선 님의 글은 전체적으로 화가다운 안목을 담고 있습니다.
존재에 대한 물음을 항상 앞세웁니다.
시 「요테이산」은 언어로 그린 한폭의 그림입니다.
역시 진면목은 숨기기 어려운 일. 그 눈길에 축복 있기를!
'시중유화(詩中有畵) 화중유시(畵中有詩)'
내가 좋아하는 말을 윤정선 작가에게 들려드리고 싶습니다.

눈

이경호

눈(雪)과 눈(目)이 만나
하얗고
눈(雪)과 눈(目)이 만나
웃었다

하얀 눈 고요히 내리고
숨을 죽인 듯 잠이 든다
차가운 바람에 실려 오는
옛 사람의 발자국
그리움 더 깊어간다

이경호 패스브레이킹싱어즈, 테너

 이경호 님의 「눈」이란 시가 귀여워요. 까꿍! 진정 마음 안에 아이가 숨어있기에 이렇게 순결하고 예쁜 시를 쓸 수 있겠지싶습니다. 가끔은 자기 자신의 내면을 들여다볼 일입니다.

어부바

이도연

언젠가는 생기겠지
언젠가는 만날 거야
그 오랜 바램 끝
마흔여덟에 찾아온 반가운 소식

유난히 어부바를 좋아하는 아기
아빠 나이 아랑곳 않고 업어달라 조른다
오냐오냐 오냐오냐
그 조름이 반갑고 그 업힘이 따스하다

언제까지 업어줄 수 있을까?
언제까지 업어달라 조를까
키만큼 걱정이 커지고
몸무게만큼 아쉬움도 늘어난다

여전히 어부바를 좋아하는 소년
아빠 나 평생 어부바 해줄거야?

그럼그럼 그럼그럼
걱정마 아빠가 평생 업어줄께

이도연 금융회사 근무, 7살 아들의 54세 아빠

　참으로 정겨운 글입니다. 정에 울고 정에 우는 우리 삶의 진수를 참 곱게도 담아냈습니다. 업히기를 좋아하는 아들과 업어주기를 또 좋아하는 아버지가 만들어내는 세상이 참 따스하면서도 예쁩니다. 이도연 님의 시는 솔직담백해서 독자에게 깊은 울림을 줍니다.

찰나 외 1편

이유진

예쁘게도 떨어져
닿으면 사라진다
내 눈에 담겼으면 그만인 걸

나도 예쁘게 떨어져
눈에 담겨야지
오래도록

이유진 패스브레이킹 싱어즈, 피아니스트

눈밭

넓은 들판에
새하얗게 깔린 도화지

너무 짙어 보이지 않았던 얼굴을
이내 꺼내어
이제야 선명히 그려본다

내 마음에 짙었던 것이
너였구나

　이유진 님의 두편의 시는 깔끔한 작품입니다. 단순명료한 문장 안에 정갈한 마음을 담았습니다. 그 사람의 그 문장입니다. 그 길을 따라 더욱 멀리 가 보시길.

들국화 외 3편

이효진

어느 계절이던가
네가 하얀 웃음으로 태어나
긴 세월의 인내를 묶던 날은

새벽 종소리 한 움큼
네 그림자에 숨는다

어느 오후이던가
네가 참지 못하는 목마름으로
행인의 발목을 부여 잡던 날은
행인은 너를 위해 눈물을 주었고
하늘은 네가 쉴 그림자를 선사했다

어느 계절이던가
네가 눈물로 이울며
기약없이 떨어지던 날

겨울은 차가운 손으로 하루를 덮고
산은 너를 위해 고개진다

이효진 아나운서, 교수

계수나무

보이는가, 저기
연한 가지로 엮은 월계관
곱게 머리에 쓰고
무너진 하늘가로 걸어가는
산 그림자

상처 깊이 날수록
짙은 향기 머금는 잎새
고목에 맺힌 사연이
방울방울
인고의 세월로 고인다

밤마다
야윈 어깨 흔드는 그리움
하늘에 발자국 하나 할퀴고 떠난다

보았는가, 저기
메마른 가지에
텅 빈 사랑노래 던지고
해 기운 고갯길 걸어가는
젖은 뒷모습 하나

애벌레

산 그늘 나른한 이른 봄
한나절
산마루로 기어가 홀로 허물 벗고 나면
서녘하늘 노을이 열반에 든다

버려도 버려도
다시 벗어야 하는 허물
밤마다 벌레의 꿈으로 이어지고
이마를 덮는 마른 잎새는
젖은 눈물이 된다

고요를 감싸안은 새벽
낮게 드리운 바람에
일으키는 투명한 몸
진눈깨비에 놀라
차가운 땅바닥에 드러눕는다

모래 숲 아래
허덕이는 풍경소리
새벽이슬길 위로
펼쳐지는 끝없는 서러움

산길

가을길에서 만난 산 그림자
저 혼자 깊다
산국화 하나

고요를 흔드는 오후
바람마저도 풍경이 된다

떠나는 일에만 익숙한 세월
다시 빨갛게 저물어 가는 날

가을산 밝히는 망개 열매들
길모퉁이 선뜻 손을 내민다

 이효진 님, 이런 고수(高手)가 숨어 있었군요. 편편이 완성도 높은 아름다운 작품입니다. 공력이 보이고 내공이 깊어보입니다. 언어를 다루는 손길이 가히 천의 무봉입니다.

흐르는 강물처럼 외 1편

이은주

삶은 한 줄기 흐르는 강처럼
때로는 잔잔하게
때로는 거세게
우리의 발걸음을 이끌어간다

어린 시절의 순수함
꿈꾸던 날들의 행복
그 속에서 우리는
세상의 첫 맛을 느끼며

시련의 시간도 찾아오고
어둠이 드리워진 길 위에서
홀로 서야 할 때도 있고
상실의 아픔을 견뎌야 할 때도 있다

그럼에도 불구하고
삶은 계속된다
흐르는 강물처럼

고통이 지나간 자리에는
더욱 깊은 사랑이 남고
희망의 싹이 돋아난다

우리는 서로에게 기대며
작은 손길로 위로하고
서로의 존재가
이 삶을 더욱 빛나고
흐르는 강물에 비치는 햇살처럼

끝없는 질문과 탐구 속에
우리는 나 자신을 찾아간다
삶은 단순한 여정이 아닌
흐르는 강물처럼
끊임없이 성장하는 삶의 이야기

오늘도 나는 이 길 위에서
나의 발자국을 남기며
삶의 의미를 찾아가며
흐르는 강물처럼
그 속에서 느끼는 모든 것들이
나를 이루는 소중한 삶의 조각이 된다

이은주 한국여성유권자연맹 회장

사랑 인생

인생의 첫 페이지 사랑으로
시작된 설렘으로 가득 찬
서로의 눈빛에서
세상의 모든 의미를 찾는다

사랑은 한 걸음 한 걸음
함께 나아가는 길 위에서
기쁨도 슬픔도 나누며
서로의 마음을 더 깊이 알아간다

인생은 때로 험난한 여행
예기치 않은 폭풍이 몰아치고
사랑은 그 속에서 따뜻한 삶의
안식처가 된다

사랑은 서로의 손을 잡고
어둠을 헤치고 나아가면
희망의 햇살이 비추고
우리는 다시 일어설 수 있다

사랑 영원의 약속
시간이 지나도 변하지 않는
서로를 향한 따뜻한 마음
인생의 모든 순간을 함께한다

세월이 흘러도
그 기억은 사라지지 않아
사랑이 남긴 흔적들이
우리내 인생을 가득 채운다

사랑과 인생
둘은 떼려야 뗄 수 없는 관계
서로의 존재가
더욱 빛나게 만들어 주는 인생의 동반자

　이은주 님, 언어를 매만지는 손길이 살갑습니다. 생각도 깊고 넓고, 세상을 보는 눈길도 한껏 부드럽습니다. 그 품 안에서 예쁜 세상이 새로운 눈을 떠 이쪽을 바라봅니다.

눈

정 국 철

첫눈 오면 설레더니
다음 날엔 삽 들고 한숨

"눈 와서 좋아!" 하다가
"이제 그만!" 소리친다

그래, 나도 알아
내일은 얼음으로 변신할 거야

정국철 패스브레이킹 싱어즈, 바리톤

정국철 님의 시는 매우 유머러스하고 또 실감이 납니다.
간결한 문장 안에 변화하는 삶과 생각을 잘 담아냈습니다.
늦게 보고 지각 칭찬 미안! 예쁘지 않은 세상을 예쁘게, 즐겁지 않은 세상을 즐겁게. 그러도록 노력하는 것이 예술임을 우리는 모르지 않습니다.

시인 외 3편

정대홍

시를 쓰는 사람이
시인이라면
시를 읽는 사람도
시인이다

시를 쓰는 사람은 바람이다
지나간 자리마다
울림을 남긴다

시를 읽는 사람은 파도다
그 울림을 가슴에 품고
또 다른 물결로 퍼뜨린다

그래서 결국
우리 모두는 시인이다

정대홍 (주)데코피아 대표이사

나

소심하다
내성적이다

그래도 여기까지 왔다
넘어져도 다시 일어섰다

사람마다
자기 안에 빛이 있다

네 안에도 있다

삿포로의 아침

호텔 창 너머로
스며든 여명의 햇살

산봉우리에 살포시 걸터앉아
눈 속에 갇힌 꿈속의 나무들을
흔들어 깨운다

이 순간
내 마음도 눈처럼 쌓이고
햇살처럼 녹아내린다

나태주 선생님

그는 길을 걷는다
한 송이 풀꽃에도
한 줄 시가 된다

그는 말을 아낀다
짧은 한마디에도
마음에 스며든다

그가 웃는다
그 웃음마저
한 편의 시다

정대홍 님의 여러편 시 가운데 「나」란 시가 더욱 절실한 울림을 줍니다. 그것은 인간 보편의 정서에 닿아 있기 때문일 것입니다. 삿포로의 아침은 더욱 신선하게 다가옵니다. 나태주에 대한 글_감사,기쁨! 시와 함께 눈과 함께 좋았던 날을 오래 잊지 않습니다.

인연 외 2편

최미건

만나기 전
너와 나는 한 장의 백지
점도 색도 없는
빈 종이

어떤 인연은
점 하나가 되고
어떤 인연은
하나의 그림이 되어간다

오늘부터
너와 나는
어떤 그림을 그려갈까?

최미건 드림공화국 국장

추억

추억은 하나의 선물
시간이 조용히 건네준 꾸러미

기쁨은 반짝이는 별이 되고
슬픔은 조용히 접힌 편지가 된다

때론 잊고 지내다
어느 날 문득 열어보면
그 속에는
그때의 온기
그때의 향기
그때의 우리가 남아 있다

추억은 멀어진 시간이
남기고 간 가장 소중한 선물이다

너의 목소리

너의 목소리는
따뜻한 바람처럼 불어와
마음을 가만히 어루만진다

조용히 부르는 이름만으로도
하루의 무게가 가벼워지고
짧은 한마디에도
마음 한쪽이 환하게 빛난다

지친 순간엔 포근한 담요처럼
기쁜 순간엔 봄날의 바람처럼

너의 목소리는
내게 가장 편안한 위로이다

　최미건 님, 시를 매만지는 손길이 여간 날렵한 게 아닙니다. 크고도 추상적인 주제(인연, 추억)를 실감나고 정감있게 풀어낸 언어 실력이 대단합니다. 너와 나의 관계성을 천착한 「너의 목소리」도 가편입니다.

| 감상평 | **나태주 시인**

마음도 흐르고 시심도 흐르고

1

 세상의 일이란 언제나 내가 맘먹은 대로 되는 것은 아니다. 두루 조건이 맞아야 한다. 그걸 운수소관이라고도 말한다. 적어도 그 일이 성공적으로 이루어지려면 눈에 보이지 않는 그 어떤 존재의 도움이 있어야 한다. 이번, 일본 삿포로 여행만 해도 그렇다. 지난 해 어느 날 서울서 풀꽃문학관으로 손님이 찾아와서 만났는데 문화예술 콘텐츠 기획자 드림공화국을 운영하는 손진기 대표와 최미건 국장이었다.

 그들은 대뜸 나에게 전혀 새롭고도 낯선 행사 하나를 제안했다. 자기들이 전국 단위로 시문학 여행자를 모집하고 거기에 '나태주 시인과 함께하는 삿포로 시문학 기행'이란 타이틀을 붙일 테니 함께 떠나보자는 것이었다. 약간은 낯설고 마음이 안 놓였지만 그래 보자고 승낙하고 일정을 맞추고 준비에 들어갔다.

나에게 부여된 소임은 동행한 모든 사람이 시를 쓰도록 안내하는 것과 그렇게 생산된 시들을 모아 시집으로 묶어내는 것까지 돕는 일이었다. 이번 여행은 그냥 여행이 아니라 문화여행이므로 현지에서 시 창작 강의는 물론 음악회를 위해 뮤지션들도 동행하고 책에 들어갈 삽화 제작을 위해 화가도 동행하고 출판사 대표까지 동행한다는 것이었다.

그러나 처음의 계획은 실행되지 않았다. 2월 초순, 삿포로 눈 축제에 맞추어 일정이 잡혔는데 그쪽에 눈이 너무 많이 내리고 공항까지 막혀 비행기가 출발하지 못한다는 것이었다. 어쩔 수 없이 일정은 늦춰지고 다시 일정이 잡힌 것이 2월 27일부터 3월 1일까지, 2박 3일이었다. 당초 3박 4일 일정이 하루 단축된 것이었다.

영종도 인천공항에서 맨 처음 만나 여행길에 오를 때는 피차 서먹한 기분이었다. 그러나 비행기 이웃자리에 앉아서 여행길에 오르면서부터 어느 사이 동질감이 생기고 소통의 문이 열려 마음이 먼저 가까워지기 시작했다. 당초 참여 인원이 33명이라 했는데 스태프 인원까지 33명을 훌쩍 넘겼다.

일단, 신토치세 공항에 착륙하여 지루한 일본식 수속을 거쳐 공항 밖으로 나왔을 때 우리는 실망하지 않을 수 없었다. 기껏 눈을 보러 왔는데 도로에는 이미 눈이 하나도 없고 도로변에만 잔설이 조금 남아 있을 뿐이었다. 하지만 그래도 여행은 여행. 이미 두 차례나 왔던 북해도지만 남의 나라 역시 새롭고 특별한 느낌이 서서히 찾아 들기 시작했다.

첫날 밤, 시 창작 강연이 있었다. 호텔에서 저녁 식사를 마치고 거리로 나와 미리 준비된 일본식 찻집에서였다. 실내가 넓고 따뜻한 난로가 특히 좋았다. 나는 평소 독자들을 상대로 시 창작 강연을 하듯이 시 쓰기 과정을 설명했다. 거의 모든 참여자가 시를 써본 경험이 없는 분들이므로 될수록 쉽고도 간명하게 시 쓰기에 대해서 설명하고 안내했다.

시 쓰기 강연이 끝난 후 현장에서 조그만 음악회까지 열렸다. 여행을 와서 시 창작 강연을 해보는 일도 처음 해보는 일이지만 현장에서 음악회를 관람하는 것도 처음 있는 일이라서 내심 놀랍고 감동적이었다.

그다음 날은 본격적인 관광 일정. 대부분 코스는 이미 전에 왔을 때 들러본 코스였다. 다만 산속의 약수터를 찾아가는 길이 특별했다. 다른 곳은 대부분 제설작업을 해서 눈이 없거나 녹아서 없거나 그랬지만 그곳만은 눈이 여전히 남아 있어서 신비로웠다. 지난 번 눈이 얼마나 많이 내렸는지를 실감하게 했다. 사람의 키보다도 높은 눈이 그대로 길옆에 쌓여 있었으니까.

그날 밤 다시 시 창작 강연이 있었고 뮤지션들의 음악회가 있었다. 이번에는 현지에서 전자오르간까지 빌려서 제대로 연주를 하면서 한 음악회였다. 그런데 참석자 전원이 일본 호텔 안에서나 입는 유카타 차림으로 했으니 특별하고도 특별한 음악회였다 하겠다. 두 차례 시 창작 강연과 음악회를 마치고 나서 제각기 여행 가운데 떠오르는 감상을 시로 써서 핸드폰 단톡방에 올리기로 했다.

2

처음, 얼마 동안은 단톡방에 시가 올라오지 않았다. 내심 망설이거나 주저하는 마음들이 있어서 그랬을 것이다. 그런데 귀국하는 날인 3월 1일부터 시가 올라오기 시작했다. 그렇게 시가 올라오기 시작하더니 귀국하여 그날 밤(3월 1일), 그다음 날 밤(3월 2일)에 시가 단톡방에 폭포수처럼 올라왔다.

시가 올라오면 그걸 읽고 쪽글을 달아주는 것은 나의 소임이었다. 감상을 쓰고 또 필요한 조언을 주는 글을 써야만 했다. 단톡방에 오르는 시는 밤과 낮을 가리지 않고 올라왔다. 여행을 다녀와 피곤하여 잠을 자고 싶고 그래서 잠을 자다 보면 어느새 새로운 글이 오르곤 했다. 결국은 며칠 밤, 잠을 설치며 글을 읽어야만 했다.

잠을 설치고 피곤하고 그러긴 했지만 한 편으로는 기쁜 마음이 들기도 했다. 지금까지 한 번도 시를 써본 경험이 없는 분들이 어찌 이렇게 실감 나는 시를 쓴단 말인가! 역시 여행이란 것은 좋은 일이고 잠시 생활을 놓고 다른 나라 다른 문화 안으로 들어가 보는 일은 사람의 마음을 새롭게 하는 일인가 보다.

그러고 나서 한참 만에 단톡방에 올라온 시들을 한 권의 책으로 묶어서 보내온 원고를 읽었다. 참가자 이름을 가나다순으로 배열하여 편집한 원고인데 편편이 아름답고 귀한 시들임을 보고 다시금 놀랐다. 처음 이런 일이 가능할까 싶었는데 그런 일이 가능해진 것이다. 참으로 감사한 노릇이다. 이거야말로 살아가면서 예상치 못하게 만나는 행운과 같은 것이다.

비록 짧은 기간, 2박 3일 동안, 겨우 얼굴 익힐 만한 기간이었는데 그 짧은 기간에 우리는 한 마음을 이루었고 이적지 한 번도 경험해 보지 못한 세상을 경험해 본 것이다. 이국의 풍경과 문물을 만나고 엄청난 눈을 보고 낯선 음식을 먹고 그런 것이 중요한 것이 아니었다. 여행 기간 내내 우리의 마음이 얼마나 새로워지고 얼마나 좋은 방향으로 바뀌었는가 하는 것이 문제였다.

여행길에 올라 보면 몸만 흐르는 것이 아니라 마음도 흐른다. 흐르는 마음은 더불어 흐르는 마음을 만나 또다시 새로운 흐름을 만들기도 한다. 이번 삿포로 2박 3일 여행은 몸과 마음만 흐른 것이 아니라 시도 따라서 흐른 여행이라 하겠다. 정말로 창조적이고 새로운 여행 패턴이 이번에 이루어진 것이다. 여행길에 함께 한 나로서도 새롭고 놀라운 경험이었다. 아마도 이런 경험은 이후에도 없을 것이다.

3
　이 시집에 실려있는 시들을 유형별로 골라서 감상문을 달고 싶었지만 이미 시편마다 달린 쪽글이 그것을 대신해 주고 있고, 또 새로이 글을 선정하여 평을 단다는 것이 편파적으로 보이거나 차별적으로 보일 것 같아 생략하고자 한다.
　다만 한 가지 언급하고 싶은 말씀이 있기는 있다. 시를 쓸 때 가장 나쁜 것은 자기 나름대로 시의 틀을 갖는다는 것이다. 그래서 시를 쓰는 사람에게 가장 나쁜 것은 정치와 종교와 학문이란 말까지 있다. 시는 이렇게, 이렇게 쓰는 것이다, 라고 자기 나름대로 시작법을 갖는 것도 좋은 일이 아니다.
　그냥 아무것도 모르는 어린아이 같은 천진함이 최고로 좋은 것이다. 무엇이든지 처음 보는 것처럼 보고, 처음 듣는 것처럼 듣고, 다만 떨림으로 대상을 받아들이는 것이 중요하다. 그런 점에서 이 작품집에서도 보면 이번에 처음 시를 써본 분들의 시가 참 좋았다.

　누구나 조금쯤 예민한 마음의 더듬이를 앞세워 이 시집에 실린 시편들을 읽어보면 대번에 알 것이다. 일찍이 영국 시인 바이런은 이런 말을 남겼다. '사람이 세상에 와서 시를 모르고 세상을 떠나는 것은 세상에 와서 알았어야 할 가장 중요한 것 한 가지를 모르고 가는 것이다.' 적어도 이번 2박 3일, 드림공화국 주최 '설상가상(雪上歌想) 시문학 여행'에 함께한 분들은 그렇게 중요한 시를 알게 된 분들이라 할 것이다. 축하할 일이다.

나태주 시인과 詩作(시작)하는 사람들

겨울나라 일본 삿포로 시문학 기행은 내 인생에 새로운 봄을 예고 했다. 비로소 내 인생을 봄이라. 나태주 선생님과 준비한 모든 분께 감사한다.
_손진기, 드림공화국 대표, 시사문화 평론가

가볍게 떠난 여행, 하루 하루 여정이 지나면서 나도 모르게 시의 문구들이 머리에서 가슴으로 스며들었다. 동행해주신 나태주 선생님, 그리고 詩作(시작)의 여행을 함께 해주신 분들께 감사드린다.
_송윤섭, 구글코리아, 『내감정의 주인을 찾습니다』 지음

가슴 한켠에 설렘을 품고 소중한 분들과 함께한 나태주 시인님과의 삿포로 시(詩) 기행. 여행의 한 장면, 한 장면이 시처럼 마음에 스며들어 오래도록 따스한 기억으로 남았습니다. 이 멋진 여정을 기획하고 이끌어주신 드림공화국 손진기 대장님, 그리고 함께해주신 패스브레이킹 가족들께 진심 어린 감사의 마음을 전합니다.
_박수진, 수앤진컴퍼니디자인그룹 대표, 『CEO의 책상』 외 지음

꿈속 여행인 줄 알았더니 우리가 함께 있는 모습으로 그 시간이 진실이었음을 알게 되었습니다! 여행 중에 아버지처럼 환하게 대해 주신 나태주 선생님께 감사합니다!
_김소언, 상호금융 근무

처음으로 경험해 보는 삿포로 여행길
처음으로 시를 지어보는 일
처음으로 나태주 선생님을 뵈었던 시간
처음으로 삿포로 여행을 함께 했던 모든 분들께 감사 드립니다.
 _김태영, 74세에 시를 쓰게 된 시니어, 7살 손자의 할머니

친정어머니와 함께 떠난 삿포로 여행
나태주 선생님 덕분에
모녀의 영혼이 시로 피어났습니다.
처음이자 마지막일 것 같은 세상 하나밖에 없는 여행
세상 하나밖에 없는 우리들의 시집입니다.
 _박지숭, 달빛코치

삿포로의 설경 속에서 시와 함께한 따뜻한 순간들,
나태주 선생님과 동행하며 얻은 감동을 이 한 권의 책으로 나눌 수 있어
행복합니다.
 _정대홍, (주)데코피아

생각지도 못했던 그날의 인연들, 한둘도 아니고 한 차!
전부 훔쳐왔던 그순간들! 나태주 선생님과 같은 한마음이 아니었다면
벌써 어느덧 인생의 소중한 한조각이 되었네요
 _송숙희, 교보생명 근무

삿포로 시문학기행을 다녀온 후 매일 시(詩)시(詩)한 하루(時)를 보내고 있습니다. 나의 삶을 시시(詩詩)하게 변화시켜준 나태주 선생님과 여행메이트와 온우주에 행복한 감사를 전합니다.
 _송영은, 풀문문화센터 사무국장

삿포로는 나의 봄. 시를 쓸 수도 있다는 희망과 함께,
나도 꽤 괜찮은 사람일 수 있음을 느껴본 희망의 문학기행이었습니다.
희망의 씨앗을 심어주신 나태주 선생님과 함께한 모든 분들 감사합니다.
 _김정은, 로사리오의 남양 성모성지 근무

음악과 시를 사랑하는 사람들. 뾰족했던 나의 마음을 순하게 만든 여행.
그 순간들이 눈처럼 스며 있는 우리들의 시집이라니, 감동입니다.
나태주 선생님과 여행을 위해 애써주신 모든 손길에 감사드립니다.
_윤정선, 화가

버킷리스트를 이루게 해준 영혼을 갈아 넣은 여행
나태주 선생님과 함께해주신 모든 분들께 감사합니다.
_박지영, 강건의 엄마

나태주 선생님과 좋은 분들과 함께했던 설원과 음악과 시의 여행…
추억은 삿포로와 제 마음에 남깁니다.
_김효정, 비올리스트

그 여행은 내게 단순한 여정이 아니라,
시(詩)라는 세계로 들어가는 문이었다. 문학에 무심했던 내가
시인의 눈으로 풍경을 보고,
그의 언어로 순간을 담아내며 비로소 시를 느끼기 시작했다.
단어 하나, 행 하나에 담긴 깊이를 깨닫는 순간,
나는 처음으로 내 안의 시를 꺼내어 썼다.
_이유진, 패스브레이킹싱어즈, 피아니스트

시와 함께한 여행, 너무 독특하고 처음 경험했지만
그만큼 더욱 강렬한 인상을 남겼던 여행이었습니다.
추억을 같이 공유함이 즐겁습니다.
_정국철, 패스브레이킹싱어즈, 바리톤

나태주 선생님과의 황홀했던 3일, 처음 맛보는 시의 재미와 함께했던 모든 분들과의 잊지 못할 소중한 시간을 함께할 수 있어 감사합니다.
_마유정, 패스브레이킹싱어즈, 소프라노

시와 항상 가까이 지내고 있었지만 늘 멀찌감치 아니면 모른척 지내왔지만 이번 삿포로 시 문학기행으로 나의 삶에 시가 크게 자리하고 있구나라고 느끼게되는 소둥한 시간이었습니다.
_이경호, 패스브레이킹싱어즈, 테너

여행이 이렇게 의미 있을 수도 있다니 놀라운 여행이었습니다.
이제 이 놀라운 순간들이 기록으로 남는다니 함께 하며 기록했던 사람으로서는 큰 보람이라 아니할 수 없습니다.
함께 했던 모든 시절인연(詩然)들 나태주 선생님 감사감사합니다.
_권대욱, 산막스쿨 교장

자연의 위대한 신비로움과 다양하고 귀한 삶의 인연들 자연 그대로 있어 준 삿포로시 자체로 충만하신 나태주 선생님 소중한 추억 만들어주셔서 감사드립니다.
_김희경, 풀문문화센터 강사

時로 인해 우리가 서로에게 얼마나 소중하고 값진 존재인지 깊이 깨닫게 되었습니다. 살아 쉼쉬는 present와 뜻깊고 멋진 opportunity에 깊이 감사드립니다.
Post Script : If my love for Soo would be water, I could shut down the entire sun.
_서수현 변호사 & 호세

숨어 있던 내 가슴 속 별을 발견한 시간이었고
반짝반짝 스스로 빛나는 영원의 시간이었습니다.
광활한 우주를 내 가슴에 품을 수 있었던 추억에 감사합니다. 사랑합니다.
_송지은, 주식회사 지케이 대표

평소 존경하던 시인님과 떠난 삿포로 여행, 그 길 위에서
내 인생 첫 시집이 눈처럼 조용히 내려앉았다.
_최미건, 드림공화국 국장

나태주 선생님과 시와 함께 했던 삿포로 여행은 그동안 무심코 지나쳤던 감정과 세상의 소중함을 깨달을 수 있었던 시간이었습니다. 새로운 삶의 이유를 얻는 순간을 만들어 주셔서 감사합니다.
_김은교, 기획재정부 공무원

나태주 선생님과 함께한 이 여행으로 심심한 시들을 끄적이는 버릇이 생겼습니다. 모든 것이 아름다웠고 선한 영향력이 곳곳에 나타나는 여행이었습니다. 모든 분들의 문장 하나하나가 참 눈물나게 애틋합니다. 시로써 여러 형태의 수많은 사랑을 느끼며 그 속에서 함께 할 수 있음에 감사드립니다.
　_김세미, 패스브레이킹싱어즈, 소프라노

시인의 감성으로 세상을 보며, 온 사방 예쁨을 발견하고,
아픔도 운치로 승화하던 시간이었습니다.
새 세상을 선물해주신 나태주선생님과
손대장님을 비롯한 집행부의 노고에 감사드립니다.
함께 하신 분들과의 소중한 인연으로 아름답게 엮어갈 내일을 기약하겠습니다. 요즘 가장 핫한 드라마를 훔쳐 한 마디로 표현하면,
나태주 선생님께, 시의 마력에, 우리의 삿포로 여행에 "폭싹 반했수다!!!"
　_김미영, 청주시여울림센터장

이제 시작합니다.
시와 함께 나태주 선생님과 함께 아름다운 날들을 시작합니다.
　_이효진, 아나운서

시는 섬세한 한 폭의 그림같습니다.
시를 통해 삶의 의미를 다시금 되새겨 보게 됩니다.
시는 깊은 감성을 느낄 수 있는 소중한 시간이었습니다.
나태주님 시를 통해 앞으로도 많은 사람들에게 감동을 전해주시길…
　_이은주, 한국여성유권자연맹 중앙회장

나태주 선생님과 함께 시집에 참여하게 되어 영광입니다.
저와는 아무 관계없어 보였던 시세상으로 이끌어주셔서 감사합니다.
　_이도연, 금융회사 근무, 7살 아들의 54세 아빠

좋은 분들과 다함께 여행할 수 있어서 즐거웠습니다.
시에 전보다 어렵지 않게 다가갈 수 있도록 지도하고 이끌어주신
나태주 선생님께 깊이 감사드립니다.
　_김채윤, 대학생

가족을 따라 간 여행에서 예상보다 더 많은 사람들을 만나고,
다양한 이야기를 나누었으며 시를 쓰는 시간이 저에게 무엇보다 의미있는
경험이 되었습니다.
_김규린, 이의고등학교 1학년

황량한 들판에 곱게핀 풀꽃으로 나타나주신 나태주 선생님과 우리의 시작
으로 삿포로 여행은 꿈결같은 시작에 가장예쁜 시작이 되고 생각을 표정
으로 함께한 모든 분들을 사랑합니다.
_유온유, 미국연합장로교회 협동목사, 심리상담, MCCI 코치협회 코치

음악과 시와 낭만이 가득했던 설원 여행,
세상에서 가장 아름다운 시인 나태주 선생님과
36인이 함께했던 잊지 못할 여행이었습니다.
_유정숙, 출판 편집인, 도서출판 등 대표

나태주 시인과 함께한 삿포로 시문학기행

나태주 시인과 함께한 삿포로 시문학기행
지금은 詩作(시작)할 때

첫판 1쇄 펴낸 날 2025년 4월 25일

지은이 · 나태주 그리고 권대욱 김규린 김미영 김선옥 김세미 김소언 김은교
　　　김정은 김종학 김채윤 김태영 김효정 김희경 마유정 박수진 박지숭
　　　박지영 Jose Manuel Robledo Ardila 서수현 손진기 송숙희 송영은
　　　송윤섭 송지은 원치승 유온유 유정숙 윤정선 이경호 이도연 이유진
　　　이효진 이은주 정국철 정대홍 최미건
펴낸이 · 유정숙
펴낸곳 · 도서출판 등
기　획 · 드림공화국 (손진기)
관　리 · 류권호
편　집 · 김은미, 김현숙, 최미건

ⓒ 나태주 외 2025

주　소 · 서울시 노원구 덕릉로 127길 10-18
전　화 · 02.3391.7733
홈페이지 · dngbooks.co.kr
이메일 · socs25@naver.com

정 가 · 17,500원

- 이 책은 저작권법에 따라 보호받는 저작물이므로 무단 전재와 무단 복제를 금합니다.
- 이 책의 전부 또는 일부를 이용하려면 저자와 도서출판 〈등〉에 동의를 받아야 합니다.